Kinder

mixen, backen, kochen

Kinder

mixen, backen, kochen

mit Rezepten
aus der Versuchsküche
von Dr. Oetker

Inhalt:

Inhalt:

Impressum:

Copyright 1976 by Ceres-Verlag
Rudolf-August Oetker, Bielefeld
Nachdruck, auch auszugsweise,
nur mit unserer ausdrücklichen
Genehmigung und mit Quellen-
angabe gestattet.
Gesamtherstellung:
E. Gundlach KG, Bielefeld
Gestaltung:
Ute-Lore Homann, Gütersloh
Printed in Germany
ISBN 3-7670-0063-6

Liebe Kinder,

sicher habt Ihr Eurer Mutter schon oft beim Backen eines schönen Kuchens, bei der Zubereitung einer leckeren Süßspeise oder eines tollen Getränks zugesehen. Bestimmt habt Ihr Euch dabei gewünscht, selber mal so etwas zu machen, weil es Spaß macht und weil man damit Vater und Mütter, Geschwister, Freundinnen und Freunde überraschen kann.

In diesem Buch stehen Rezepte, die in der Dr. Oetker Versuchsküche für Euch ausprobiert wurden, die schnell zuzubereiten sind und die Euch gelingen, wenn Ihr alles richtig macht - die praktischen Dr. Oetker Geräte helfen Euch dabei. Nun ran an die Arbeit, viel Vergnügen beim Mixen, Backen und Kochen und güten Appetit!

Eure

Marie-Louise Haase

Dr. Oetker Versuchsküche

Zaubertrank Mirakulix

Dazu brauchst Du:
½ l Aprikosensaft
2 Eßl. Langnese-
   Honig
3 Eßl. Zitronen-
   oder Apfelsinen-
   saft
einige Eiswürfel
eisgekühltes
   Mineralwasser

Verrühre Aprikosensaft, Honig und Zitronen- oder Apfelsinensaft. Gieß den Saft in Gläser, gib in jedes Glas 1–2 Eiswürfel und fülle mit Mineralwasser auf.

Fee's Cocktail

Dazu brauchst Du:
2 Pampelmusen
Zucker
1 Flasche
   eisgekühlte
   Sinalco
einige Kirschen

Halbiere die Pampelmusen, löse das Fleisch vorsichtig aus der Schale, schneid es in kleine Würfel und bestreue es nach Belieben mit Zucker.
Setze die 4 Pampelmusenhälften nach Belieben auf 4 Glasteller, fülle sie zur Hälfte mit den Pampelmusenwürfeln und gieß Sinalco darüber. Garniere die Pampelmusen mit Kirschen.

8

Zitronenfalter

Dazu brauchst Du:
3–4 Zitronen
1 l kaltes Wasser
60–80 g Zucker
  (3–4 schwach
  gehäufte Eßl.)
6 Zitronenscheiben
  (ungespritzt)

Halbiere die Zitronen und presse sie aus. Gib den Saft durch ein Sieb und verrühre ihn mit dem Wasser und dem Zucker.
Lege in 6 Gläser je eine dünne Zitronenscheibe und fülle mit dem Zitronensaft auf.

Schwarzer Peter

Dazu brauchst Du:
250 g frische Brombeeren
etwa 2 Eßl. Zucker
¼ l Brombeer- oder
    schwarzen Johannis-
    beersaft
4 Teel. gesüßte Schlag-
    sahne
einige Brombeeren

Wasch die Brombeeren, bestreue sie mit Zucker und gib sie in einen elektrischen Mixer oder rühre sie mit einem elektrischen Handrührgerät so lange, bis ein einheitlicher Brei entstanden ist. Rühre den Saft unter und gieß das Getränk in 4 Gläser.
Gib auf jedes Glas 1 Teel. Schlagsahne und setze nach Belieben jeweils 1–2 Brombeeren darauf.

Lustige Früchtchen

Dazu brauchst Du:
Wasser
Zucker
etwa 200 g gemischte
    Früchte
    (aus der Dose)
12 Eiswürfel
1 Flasche Apfelsaft

Nimm 2 Untertassen, gib auf die eine etwas Wasser, auf die andere so viel Zucker, daß der Boden etwa 1 cm hoch bedeckt ist.
Nun tauche 6 Gläser nacheinander mit dem Rand zuerst in das Wasser, dann in den Zucker, so daß oben am Glas ein Zuckerrand entsteht.
Gib die Früchte in die Gläser, füge je 2 Eiswürfel hinzu und fülle mit Apfelsaft auf.

Südseetrunk

Dazu brauchst Du:
4 Eßl. Ananasstücke
 (aus der Dose)
4 Eßl. Himbeersaft
4 Eßl. Ananassaft
1 Flasche eisgekühlten
 Sprudel

Verrühre die 3 Zutaten in einem Glaskrug und fülle mit dem Sprudel auf.

Perlende Apfelsinen

Dazu brauchst Du:
3–4 Apfelsinen
etwas Zucker
1 Flasche Apfelsaft
1 Flasche eisgekühltes
 Selterswasser

Schäle die Apfelsinen, teile sie in Spalten und schneid sie quer in dünne Scheiben. Bestreue die Apfelsinen mit Zucker und laß sie durchziehen.
Fülle mit Apfelsaft und Selterswasser auf.

Süsi's Morgentrunk

Dazu brauchst Du:
$\frac{1}{4}$ l Karottensaft
 (aus der Dose)
Salz
Pfeffer
Zucker
Zitronensaft
Zitronenscheiben
 (ungespritzt)

Gieß den Karottensaft in einen Becher oder in ein Glas und schmecke ihn mit Salz, Pfeffer, Zucker und Zitronensaft ab. Garniere jedes Glas mit 1 Zitronenscheibe.

Dazu brauchst Du:
1 Banane
1 Tasse Ananassaft
½ l eisgekühlte Buttermilch
1 Päckchen Dr. Oetker
   Vanillin-Zucker
einige Tropfen Dr. Oetker
   Backöl Zitrone
Zitronensaft, Bananen,
Kirschen
Apfelsinenscheiben
   (ungespritzt)

Safari-Trunk

Schäle die Banane und gib sie mit Ananassaft, Buttermilch und Vanillin-Zucker in einen elektrischen Mixer oder zerdrücke die Banane mit einer Gabel und verrühre alles mit einem elektrischen Handrührgerät. Schmecke mit Backöl Zitrone und Zitronensaft ab. Fülle das Getränk in Gläser und garniere den Safari-Trunk mit Bananen, Kirschen und Apfelsinenscheiben.

Donald's Wandertrunk

Dazu brauchst Du:
½ l Milch
200 g entsteinte
   Sauerkirschen
Zucker

Gib Milch und Sauerkirschen in einen elektrischen Mixer. Laß alles so lange schlagen, bis eine einheitliche Masse entstanden ist, süße mit Zucker und verteile das Getränk in 4 Gläser.

Bananen-Mix Pepe

Dazu brauchst Du:
2 Bananen
1–2 Eßl. Langnese-
   Honig
½ l eisgekühlte Milch

Schäle die Bananen, schneid sie in Stücke und zerdrücke sie mit einer Gabel. Gib sie mit dem Honig in einen elektrischen Mixer oder rühre alles in einer Dr. Oetker Rührschüssel (1 l) mit einem elektrischen Handrührgerät so lange, bis ein einheitlicher Brei entstanden ist.
Gib den Bananen-Brei in Gläser und fülle mit der Milch auf.

Astronautentrunk

Gib Milch und Orangensirup in einen Dr. Oetker Rührbecher (1 l) oder in eine Rührschüssel und schlag alles mit einem elektrischen Handrührgerät oder mit einem Schneebesen. Fülle das Getränk in 4 Gläser, gib in jedes 1 Eßl. Vanilleeis und garniere die Gläser mit Orangen-Geleevierteln.

Dazu brauchst Du:
½ l Milch
2–3 Eßl. Orangen-
  sirup
4 Eßl. Vanilleeis
  (z. B. Dr. Oetker
  Eis-Vergnügen)
Orangen-Gelee-
  scheiben

Durstlöscher

Dazu brauchst Du:
1 Eigelb
25 g Zucker
Saft von 2 Apfelsinen
1 Eßl. Zitronensaft
Obstsaft
Apfelsinenscheiben
  (ungespritzt)
Strohhalme

Schlag Eigelb und Zucker mit einem Schneebesen schaumig. Gieß den Apfelsinen- und Zitronensaft durch ein Sieb und verrühre den Saft mit dem Eigelb.
Fülle die Flüssigkeit in die Eisschale mit Einsatz und laß sie im Gefrierfach des Kühlschranks in etwa 2 Stunden gefrieren. Löse die Würfel aus der Eisschale und gib kurz vor dem Servieren in jedes Glas 2–3 Eiswürfel, fülle mit Obstsaft auf und garniere jedes Glas mit einer Apfelsinenscheibe. Reiche Strohhalme dazu.

13

Eisprinzessin

Dazu brauchst Du:
½ l Milch
50 g Schokolade
1 Eßl. Zucker
⅛ l Sahne
8 Würfel Vanille-Eis
(z. B. Dr. Oetker
Eis-Vergnügen)
gesüßte Schlagsahne
Schokoladenraspeln
Schokoladentäfelchen

Laß Milch, Schokolade und Zucker unter Rühren aufkochen. Rühre die Sahne unter und stelle die Schokolade zum Erkalten in den Kühlschrank.
Gib in 4 Gläser jeweils 2 Würfel Vanille-Eis. Fülle mit der Schokolade auf und verziere mit Schlagsahne, Schokoladenraspeln und Schokoladentäfelchen.

Muntermacher

Dazu brauchst Du:
Vanille-Eis
(z. B. Dr. Oetker
Eis-Vergnügen)
4–8 Teel. Apfelsinen- oder Zitronensaft
1 Flasche eisgekühlte Sinalco-Cola

Schneid das Eis in große Würfel und verteile diese auf 4 Gläser. Gib in jedes Glas 1–2 Teel. Apfelsinen- oder Zitronensaft und fülle mit Sinalco-Cola auf.

Karamelmilch „Brauner Bär"

Dazu brauchst Du:
Butter
100 g Zucker
½ l Milch

Zerlaß die Butter in einem Topf, gib den Zucker hinzu und erhitze ihn unter ständigem Rühren so lange, bis er goldbraun ist. Nun gieß unter Rühren die Milch hinzu und laß sie kurz aufkochen. Fülle das Getränk in Gläser und serviere es sofort.

14

Kinder-Punsch

Dazu brauchst Du:
1 Flasche Apfelsaft
1 Stück Stangenzimt
Saft von 2 Apfelsinen
Saft von 2 Zitronen
50–75 g Zucker
Apfelsinen- oder
   Zitronenscheiben
   (ungespritzt)

Erhitze den Apfelsaft mit dem Stangenzimt und laß ihn 2–3 Minuten ziehen.
Füge Apfelsinen- und Zitronensaft hinzu und schmecke mit Zucker ab. Erhitze den Punsch nochmals.
Lege in jedes Glas eine Apfelsinen- oder Zitronenscheibe und gieß den heißen Punsch darüber.

Mohren-Trunk

Dazu brauchst Du:
¾ l Milch
etwa 8 Teel.
   Dr. Oetker
   Milchfein
Strohhalme

Erhitze die Milch und rühre das Milchfein hinein. Fülle den Mohrentrunk in Gläser. Reiche nach Belieben Strohhalme dazu.

Rhabarber-Kaltschale

Dazu brauchst Du:
375 g Rhabarber
1¼ l Wasser
150 g Zucker
1 Päckchen Dr. Oetker Fruttina
   Pudding-Pulver Kirsch- oder
   Zitrone-Geschmack
4 Eßl. kaltes Wasser
3–4 Eßl. Apfelmost
einige eingelegte Kirschen
   oder halbierte Erdbeeren

Wasch den Rhabarber, schneid ihn in kleine Stücke und laß ihn mit dem Wasser und 125 g Zucker einmal aufkochen. Rühre das Pudding-Pulver mit dem Wasser an, gib es in den von der Kochstelle genommenen Rhabarber und laß es unter Rühren einmal kurz aufkochen.

Laß die Suppe erkalten und schmecke sie mit dem restlichen Zucker und dem Apfelmost ab. Füge die Kirschen oder Erdbeeren hinzu.

BUTTERMILCH-KALTSCHALE

DAZU BRAUCHST DU:

2 TASSEN BUTTER-
MILCH
40 G ZUCKER
(2 SCHWACH
GEHÄUFTE EßL.)
1 EßL. ROSINEN
2-3 ZWIEBÄCKE

VERRÜHRE
BUTTERMILCH
UND ZUCKER,
GIB DIE GE-
WASCHENEN,
GUT ABGE-
TROPFTEN
ROSINEN UND
DIE IN KLEINE
STÜCKE GE-
BROCHENEN
ZWIEBÄCKE
HINEIN.

Saftsuppe

Dazu brauchst Du:
½ l Fruchtsaft
½ l Wasser
Zucker
40 g Sago
Zitronensaft
2–3 Zwiebäcke

Vermische Wasser und Fruchtsaft und schmecke die Flüssigkeit mit Zucker ab.
Bring den Saft zum Kochen, gib unter Rühren den Sago hinein und laß die Flüssigkeit 10–15 Minuten kochen. Schmecke die Suppe mit Zitronensaft ab. Brich die Zwiebäcke in Stücke und gib sie in die Suppe.

Gustinsuppe mit Bananen

Dazu brauchst Du:
20 g (2 schwach gehäufte Eßl.) Dr. Oetker Gustin
4 schwach gehäufte Teel. Zucker
1 Teel. Dr. Oetker Vanillin-Zucker
2 Eßl. kalte Milch oder Wasser zum Anrühren
½ l Milch
2 Bananen

Gib Gustin, Zucker, Vanillin-Zucker und die Anrührflüssigkeit in eine Tasse und rühre alles mit einer Gabel gut an. Du darfst keine Klümpchen mehr sehen. Bring die Milch zum Kochen, nimm sie von der Kochstelle, gieß das angerührte Gustin langsam unter ständigem Rühren hinein und laß die Suppe einmal kurz aufkochen. Schäle die Bananen, schneid sie in Scheiben und rühre diese unter die Suppe.

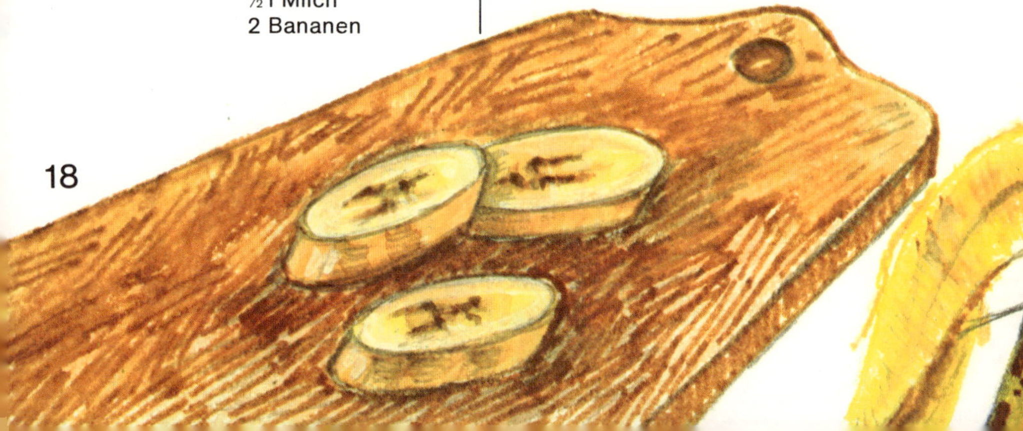

18

Zitronen-Kaltschale

Dazu brauchst Du:
20 g (2 schwach
   gehäufte Eßl.)
   Dr. Oetker Gustin
60 g (3 schwach
   gehäufte Eßl.) Zucker
1 Päckchen Dr. Oetker
   Vanillin-Zucker
8 Eßl. kaltes Wasser
½ l Wasser
etwas abgeriebene
   Zitronenschale
   (ungespritzt)
2–3 Eßl. Zitronensaft
2 Eigelb
4 Eßl. kaltes Wasser zum
   Anrühren
2 Eiweiß
3 Teel. Zucker

Gib Gustin, Zucker, Vanillin-Zucker und die Anrührflüssigkeit in eine Tasse und rühre alles mit einer Gabel gut an. Du darfst keine Klümpchen mehr sehen. Bring das Wasser zum Kochen, nimm es von der Kochstelle, gieß das angerührte Gustin langsam unter ständigem Rühren hinein und laß die Suppe einmal aufkochen. Gib die Zitronenschale hinein und schmecke mit dem Zitronensaft ab.

Verrühre das Eigelb mit den 4 Eßl. Wasser und gib die heiße Suppe unter Rühren nach und nach dazu, stelle sie kalt.

Schlag das Eiweiß steif und süße mit 3 Teel. Zucker. Stich mit einem Kaffeelöffel Klößchen ab, setze sie auf kochendheißes Wasser, verschließe den Topf mit einem Deckel und laß die Klößchen in etwa 5 Minuten fest werden.

Setze die Klößchen auf die Kaltschale.

Schokoladensuppe

Dazu brauchst Du:
1 Päckchen Dr. Oetker Soßen-Pulver für Schokoladensoße
25 g (1 gut gehäufter Eßl.) Zucker
2 Eßl. kalte Milch zum Anrühren
¼ l Milch

Gib Soßenpulver, Zucker und die 2 Eßl. Milch in eine Tasse und verrühre alles mit einer Gabel. Du darfst keine Klümpchen mehr sehen. Bring die Milch (¼ l) zum Kochen, nimm sie von der Kochstelle, gieß das angerührte Soßenpulver langsam unter ständigem Rühren hinein und laß die Suppe einmal kurz aufkochen.

Mandelsuppe

Dazu brauchst Du:
20 g (2 gestrichene Eßl.) Dr. Oetker Pudding-Pulver Mandel-Geschmack
4 schwach gehäufte Teel. Zucker
2 Eßl. Milch oder Wasser zum Anrühren
½ l Milch

Gib Pudding-Pulver, Zucker und 1 Eßl. Milch oder Wasser in eine Tasse und rühre alles mit einer Gabel gut an. Du darfst keine Klümpchen mehr sehen. Bring die Milch zum Kochen, nimm sie von der Kochstelle, gieß das angerührte Pudding-Pulver langsam unter ständigem Rühren hinein und laß die Suppe einmal kurz aufkochen.

Möhrensuppe (Würzeln)

Dazu brauchst Du:
100 g Möhren
20 g Butter oder
    Margarine
20 g Brühreis
½ l Wasser
etwas Salz
etwas Zucker
1 Teel. gehackte
    Petersilie

Schrappe und wasch die Möhren, zerkleinere sie auf einer Reibe. Gib sie in das heiße Fett und erhitze sie kurz darin. Füge den gewaschenen Reis hinzu und erhitze ihn ebenfalls kurz. Gieß das Wasser hinzu, würze mit etwas Salz und laß alles etwa 30 Minuten kochen. Schmekke die Suppe mit Salz, Zucker ab und streue die Petersilie darüber.

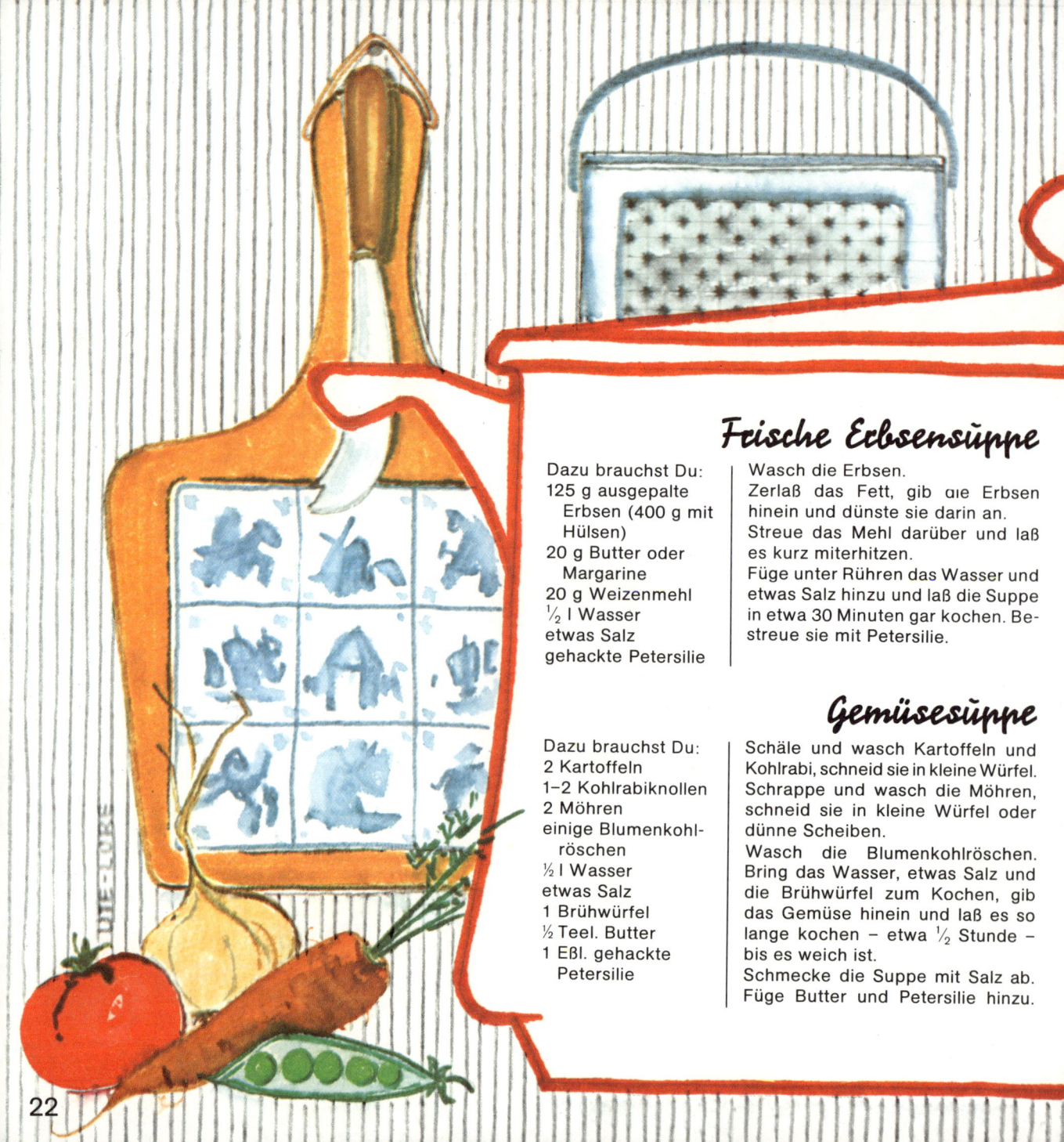

Frische Erbsensüppe

Dazu brauchst Du:
125 g ausgepalte
 Erbsen (400 g mit
 Hülsen)
20 g Butter oder
 Margarine
20 g Weizenmehl
½ l Wasser
etwas Salz
gehackte Petersilie

Wasch die Erbsen.
Zerlaß das Fett, gib die Erbsen hinein und dünste sie darin an.
Streue das Mehl darüber und laß es kurz miterhitzen.
Füge unter Rühren das Wasser und etwas Salz hinzu und laß die Suppe in etwa 30 Minuten gar kochen. Bestreue sie mit Petersilie.

Gemüsesüppe

Dazu brauchst Du:
2 Kartoffeln
1–2 Kohlrabiknollen
2 Möhren
einige Blumenkohl-
 röschen
½ l Wasser
etwas Salz
1 Brühwürfel
½ Teel. Butter
1 Eßl. gehackte
 Petersilie

Schäle und wasch Kartoffeln und Kohlrabi, schneid sie in kleine Würfel. Schrappe und wasch die Möhren, schneid sie in kleine Würfel oder dünne Scheiben.
Wasch die Blumenkohlröschen. Bring das Wasser, etwas Salz und die Brühwürfel zum Kochen, gib das Gemüse hinein und laß es so lange kochen – etwa ½ Stunde – bis es weich ist.
Schmecke die Suppe mit Salz ab. Füge Butter und Petersilie hinzu.

Kartoffelsuppe

Dazu brauchst Du:
¼ l Fleischbrühe
1 mittelgroße
    Kartoffel
etwas feingeschnitte-
nen Schnittlauch
oder Petersilie

Bring die Fleischbrühe zum Kochen, reib die geschälte Kartoffel in die kochende Brühe und laß sie etwa 15 Minuten bei schwacher Hitze kochen. Streue Schnittlauch oder Petersilie über die fertige Kartoffel-suppe.

Tomatensuppe

Dazu brauchst Du:
200 g Tomaten
1 Zwiebel
30 g Butter oder
    Margarine
2 Eßl. Tomatenmark
½ l Wasser
etwas Salz
1 Brühwürfel
20–30 g Brühreis
Zucker
Zitronensaft
Paprikapulver
gehackte Petersilie

Wasch die Tomaten und schneid sie klein.
Zieh die Zwiebel ab und schneid sie in Würfel.
Zerlaß das Fett, gib Tomaten, Zwiebel-würfel und Tomatenmark hinein und laß alles kurz durchdünsten. Nun füge das Wasser und etwas Salz hinzu und laß alles etwa 15 Mi-nuten kochen.
Streich die Suppe durch ein Sieb, bring sie wieder zum Kochen, rühre den gewaschenen Reis und den Brühwürfel hinein und laß die Suppe in etwa 20 Minuten gar kochen. Schmecke die Suppe mit Salz, Zucker, Zitronensaft, Paprikapulver ab und bestreue sie mit Peter-silie.

23

Würstschnitzel

Dazu brauchst Du:
etwas Butter oder
    Margarine
3–4 etwa 2 cm dicke Fleisch-
    oder Blutwurstscheiben

Zerlaß das Fett in einer Pfanne, gib die Wurst-scheiben hinein und laß sie auf beiden Seiten braun braten.

24

Makkaroni mit Tomatensoße

Dazu brauchst Du:
für die Makkaroni
1½ l Wasser
etwas Salz
200 g Makkaroni
30 g Butter

Bring Wasser mit Salz zum Kochen, brich die Makkaroni in fingerlange Stücke und gib sie in das kochende Wasser. Laß sie bei schwacher Hitze etwa 30 Minuten kochen. Gib die garen Nudeln auf ein Sieb und übergieß sie mit kaltem Wasser.
Zerlaß die Butter in einem Topf, gib die abgetropften Makkaroni hinein und verrühre sie mit dem Fett.

für die Tomatensoße
50 g Tomatenmark
⅛ l Wasser
1 Teel. Zitronensaft
etwas Salz
etwas Zucker
2–3 Eßl. Sahne

Verrühre Tomatenmark und Wasser mit einem Schneebesen, füge den Zitronensaft hinzu, schmecke mit Salz und Zucker ab und rühre zuletzt die Sahne unter.

Rührei mit Ketchup

Dazu brauchst Du:
2 Eier
2 Eßl. kalte Milch
etwas Salz
20 g Butter oder
    Margarine
Tomaten-Ketchup

Verquirle Eier, Milch und etwas Salz in einem Rührbecher.
Zerlaß das Fett in einer Pfanne und gib die Eiermilch hinein. Sobald die Masse fest zu werden (zu stocken) beginnt, rühre sie mit einem Löffel strichweise vom Boden der Pfanne los.
Das Rührei ist fertig, wenn keine Flüssigkeit mehr vorhanden ist, es muß weich und großflockig, aber nicht trocken sein.
Gib nach Belieben Ketchup über das Rührei.

Kartoffelbrei mit Möhrengemüse und Bratwürst

Dazu brauchst Du:
für den Kartoffelbrei
500 g Kartoffeln
1½ l Wasser
etwas Salz
25–50 g Butter
1/8 l heiße Milch

Schäle und wasch die Kartoffeln, schneid sie in Hälften und gib sie mit dem Wasser und etwas Salz in einen Kochtopf. Laß die Kartoffeln in etwa 25 Minuten gar kochen, gieß das Wasser ab und zerstampfe sie möglichst fein mit einem Kartoffelstampfer oder mit einem elektrischen Handrührgerät, füge Butter und Milch hinzu und schlag den Brei weißschaumig.

für das Möhrengemüse
500 g Möhren
30 g Butter oder Margarine
4–5 Eßl. Wasser
etwas Salz
etwas Zucker
1 Eßl. gehackte Petersilie

Schrappe und wasch die Möhren, schneid sie in dünne Scheiben.
Zerlaß das Fett in einem Topf, gib die Möhren hinzu und erhitze sie darin kurze Zeit. Nun füge das Wasser, etwas Salz und Zucker hinzu und laß die Möhren bei schwacher Hitze in etwa 40 Minuten gar werden.
Gib die Möhren in eine Schüssel und streue Petersilie darüber.

für die Bratwurst
30 g Margarine
4 Bratwürste

Zerlaß die Margarine in einer Pfanne, gib die Bratwürste hinein und laß sie von allen Seiten in etwa 10 Minuten braun braten.

26

Gulasch mit Nudeln

Dazu brauchst Du:

für das Gulasch
100 g schieres Rindfleisch
100 g schieres Schweinefleisch
30 g Margarine
2 Zwiebeln
¼ l heißes Wasser
1 Teel. Tomatenmark
etwas Salz, etwas Pfeffer
1 Messerspitze Paprikapulver
1 Teel. Dr. Oetker Gustin
1 Eßl. kaltes Wasser
   zum Anrühren

für die Nudeln
1 l Wasser
etwas Salz
150 g Bandnudeln
20–30 g Butter

Wasch das Fleisch, trockne es ab und schneid es in etwa 2 cm große Würfel. Zerlaß die Margarine in einem Bratentopf oder Pfanne, gib die Fleischwürfel hinein und laß sie von allen Seiten braun braten.

Zieh die Zwiebeln ab, schneid sie in Würfel und gib sie zu dem Fleisch, laß sie ebenfalls bräunen.

Füge das heiße Wasser und Tomatenmark hinzu und würze mit Salz, Pfeffer und Paprikapulver.

Laß das Fleisch bei schwacher Hitze in etwa 1½ Stunden gar werden (schmoren) und schmecke nochmals mit Salz, Pfeffer, Paprikapulver ab.

Verrühre das Gustin mit dem Wasser und rühre es unter das Gulasch.

Bring Wasser mit Salz zum Kochen, brich die Nudeln in fingerlange Stücke und gib sie in das kochende Wasser. Laß sie bei schwacher Hitze etwa 30 Minuten kochen, gib die garen Nudeln auf ein Sieb und übergieße sie mit kaltem Wasser. Zerlaß die Butter in einem Topf, gib die abgetropften Nudeln hinein und verrühre sie mit dem Fett.

27

Bunter Salat mit Bratwurst im roten Röckchen

Dazu brauchst Du:
100 g gekochte Kartoffeln
1 Gewürzgurke
100 g gekochten Schinken
50 g Emmentaler Käse
250 g Möhren und Erbsen
  (aus der Dose)
2 Eßl. Salatöl
2 Eßl. Zitronensaft
1 Eßl. Essig
1 Zwiebel
Salz
Pfeffer
Cocktailwürstchen
  (aus der Dose)
Tomatenketchup
Holzstäbchen

Für den Salat schneid Kartoffeln, Gewürzgurke, Schinken und Käse in Würfel.
Laß Möhren und Erbsen abtropfen und gib sie zu den geschnittenen Zutaten. Verrühre Salatöl, Zitronensaft und Essig. Zieh die Zwiebel ab, würfele sie und gib sie zu der Soße, die Du mit Salz und Pfeffer abschmeckst.
Nun vermenge die Salatzutaten mit der Soße, laß den Salat gut durchziehen und richte ihn bergartig in einer Schüssel an.
Erhitze die Würstchen im Wasser, tauche sie zur Hälfte in Tomatenketchup. Spieße jedes Würstchen auf ein Holzstäbchen (Zahnstocher) und stecke es in den Salat.

28

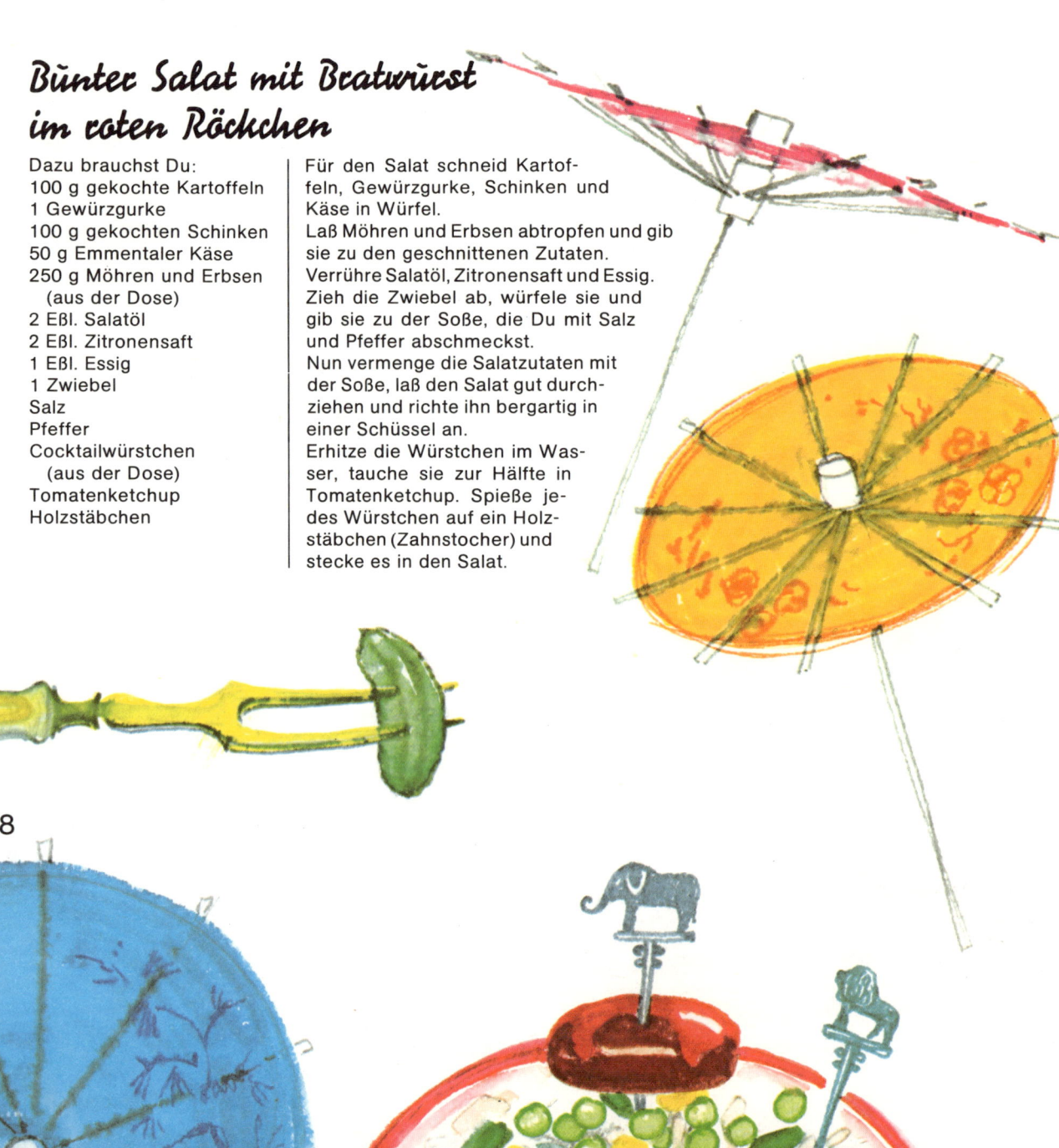

Schlemmer-Reis

Dazu brauchst Du:
½ l Milch
etwas Salz
50 g Zucker
1 Päckchen Dr. Oetker
   Vanillin-Zucker
100 g Milchreis
1 Teel. Dr. Oetker
   Gelatine gemahlen,
   weiß
2 Eßl. kaltes Wasser
   zum Anrühren
⅛ l Sahne
Aprikosen- oder
   Erdbeerkompott

Bring Milch, Zucker, Vanillin-Zucker und etwas Salz zum Kochen, gib den gewaschenen, auf einem Sieb abgetropften Reis hinein und laß den Reis bei schwacher Hitze in etwa 20 Minuten ausquellen (d. h. den Reis so lange kochen, bis keine Flüssigkeit mehr vorhanden ist).

Nun rühre die Gelatine mit dem Wasser an, laß sie 10 Minuten zum Quellen stehen und gib sie zu dem noch heißen Reisbrei, rühre so lange, bis die Gelatine vollkommen gelöst ist.

Schlag die Sahne mit einem Schneebesen oder einem elektrischen Handrührgerät steif und rühre sie unter den erkalteten Reisbrei. Reiche Aprikosen- oder Erdbeerkompott dazu.

Winnetou-Creme

Dazu brauchst Du:
4 Pfirsichhälften
   (aus der Dose)
¼ l Milch
¼ l Sahne
1 Päckchen
   Dr. Oetker Galetta
   Schokolade
abgezogene Mandeln
kandierte Früchte
Schokolade
Lakritzstangen

Laß die Pfirsichhälften abtropfen.
Gieß Milch und Sahne in eine große Schüssel. Schütte den Inhalt des Päckchens auf einmal hinein und schlag die Flüssigkeit etwa 1 Minute mit einem Schneebesen kräftig durch, bis eine gleichmäßige Creme entstanden ist. Fülle die Speise in Schälchen, lege die Pfirsichhälften darauf und garniere sie mit Mandeln, kandierten Früchten, Schokolade, Lakritzstangen.

Schokoladenstern mit Vanillesoße

Dazu brauchst Du:
½ l Milch
1 Päckchen
   Dr. Oetker Pudding
   Pulver Schokoladen-
   Geschmack
2 gut gehäufte
   Eßl. Zucker
   bunte
   Schokoladen-
   plätzchen
Mandelstifte

¼ l Milch
1 Päckchen
   Dr. Oetker Soßen-
   Pulver Ohne Kochen
   Vanille-Geschmack

Bereite aus den angegebenen Zutaten nach der Vorschrift auf dem Päckchen einen Schokoladenpudding.
Fülle den Pudding in eine mit kaltem Wasser ausgespülte Dr. Oetker Puddingform und stelle ihn kalt. Stürze den Schokoladenpudding nach dem Erkalten auf einen Teller und garniere ihn mit bunten Schokoladenplätzchen und Mandelstiften.
Für die Vanillesoße gieß die Milch (¼ l) in eine Schüssel. Schütte das Soßen-Pulver auf einmal hinein und schlag die Flüssigkeit etwa 1 Minute mit einem Schneebesen kräftig durch, damit sich keine Klumpen bilden.
Reiche die Soße getrennt zu dem Schokoladenpudding.

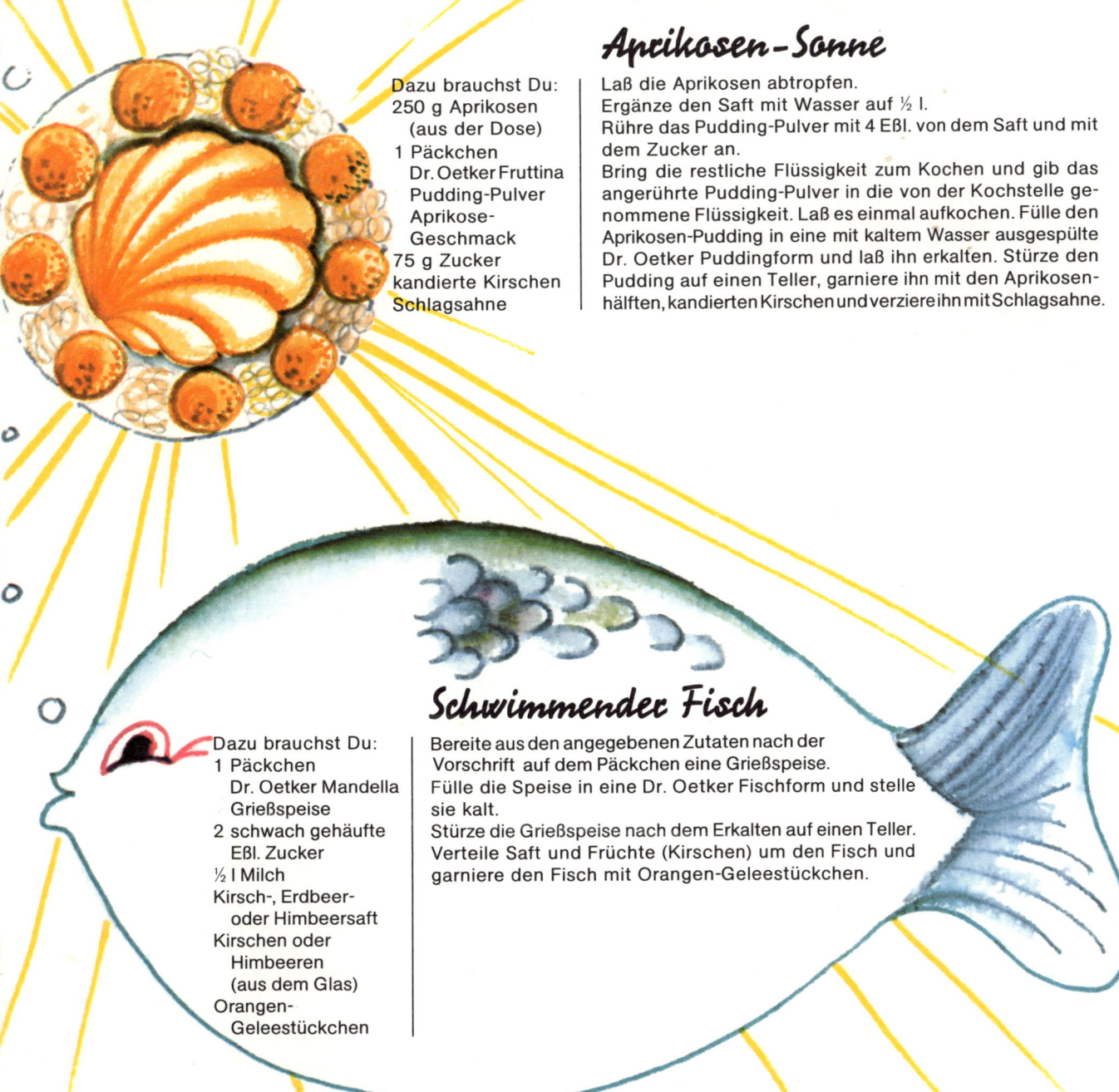

Aprikosen-Sonne

Dazu brauchst Du:
250 g Aprikosen
  (aus der Dose)
1 Päckchen
  Dr. Oetker Fruttina
  Pudding-Pulver
  Aprikose-
  Geschmack
75 g Zucker
kandierte Kirschen
Schlagsahne

Laß die Aprikosen abtropfen.
Ergänze den Saft mit Wasser auf ½ l.
Rühre das Pudding-Pulver mit 4 Eßl. von dem Saft und mit dem Zucker an.
Bring die restliche Flüssigkeit zum Kochen und gib das angerührte Pudding-Pulver in die von der Kochstelle genommene Flüssigkeit. Laß es einmal aufkochen. Fülle den Aprikosen-Pudding in eine mit kaltem Wasser ausgespülte Dr. Oetker Puddingform und laß ihn erkalten. Stürze den Pudding auf einen Teller, garniere ihn mit den Aprikosenhälften, kandierten Kirschen und verziere ihn mit Schlagsahne.

Schwimmender Fisch

Dazu brauchst Du:
1 Päckchen
  Dr. Oetker Mandella
  Grießspeise
2 schwach gehäufte
  Eßl. Zucker
½ l Milch
Kirsch-, Erdbeer-
  oder Himbeersaft
Kirschen oder
  Himbeeren
  (aus dem Glas)
Orangen-
  Geleestückchen

Bereite aus den angegebenen Zutaten nach der Vorschrift auf dem Päckchen eine Grießspeise.
Fülle die Speise in eine Dr. Oetker Fischform und stelle sie kalt.
Stürze die Grießspeise nach dem Erkalten auf einen Teller. Verteile Saft und Früchte (Kirschen) um den Fisch und garniere den Fisch mit Orangen-Geleestückchen.

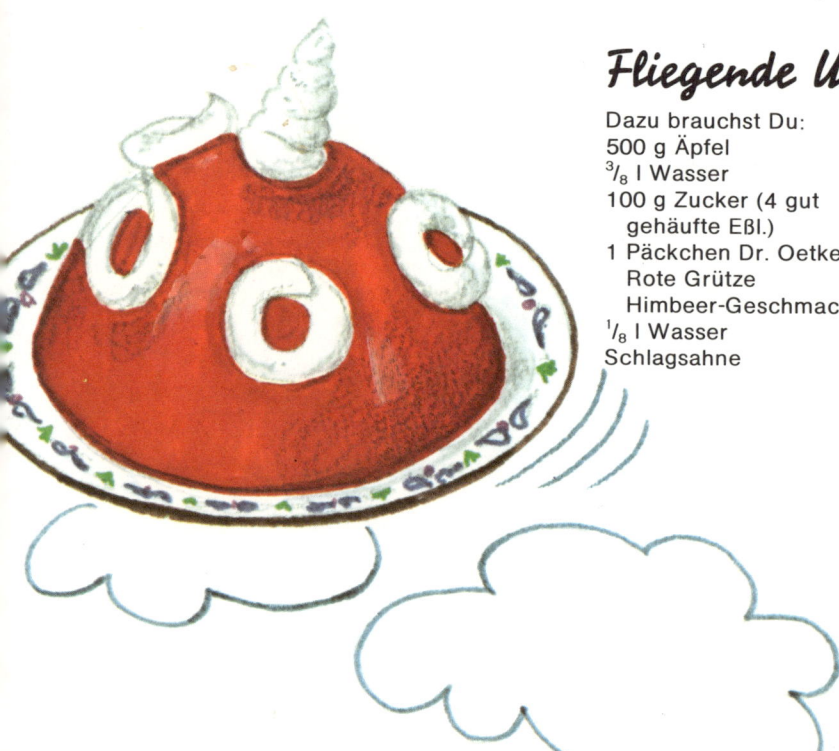

Fliegende Untertassen

Dazu brauchst Du:
500 g Äpfel
$^3/_8$ l Wasser
100 g Zucker (4 gut
gehäufte Eßl.)
1 Päckchen Dr. Oetker
Rote Grütze
Himbeer-Geschmack
$^1/_8$ l Wasser
Schlagsahne

Schäle, viertele und entkerne die Äpfel. Schneid sie in Stücke.
Bring das Wasser ($^3/_8$ l) mit dem Zucker zum Kochen. Gib die Apfelstücke hinein und laß sie darin fast weich kochen. Nimm sie mit einem Schaumlöffel aus der Flüssigkeit. Bring die Flüssigkeit wieder zum Kochen und rühre die mit Wasser ($^1/_8$ l) angerührte Rote Grütze hinein.
Laß sie einmal aufkochen und rühre die Apfelstücke unter. Fülle die Grütze in mit kaltem Wasser ausgespülte Tassen oder Schälchen und stelle sie kalt.
Stürze die Apfelgrütze nach dem Erkalten auf Untertassen und verziere sie mit Schlagsahne.

Grüne Würfel

Dazu brauchst Du:
1 Päckchen Dr. Oetker
Götterspeise Wald-
meister-Geschmack
½ l kaltes Wasser
100 g Zucker
¼ l Milch
1 Päckchen Dr. Oetker
Soßen-Pulver
Ohne Kochen
Vanille-Geschmack

Bereite die Götterspeise nach der Vorschrift auf dem Päckchen zu. Gieß die Flüssigkeit in eine große, flache Schale und stelle sie mehrere Stunden kalt, bis sie erstarrt ist.
Schneid die Götterspeise in Würfel und fülle sie in Gläser.
Reiche dazu Vanillesoße Ohne Kochen.
Gieß dafür die Milch in eine Schüssel. Schütte das Soßen-Pulver auf einmal hinein und schlag die Flüssigkeit etwa 1 Minute mit einem Schneebesen kräftig durch, damit sich keine Klumpen bilden.

Harlekin-Speise

Dazu brauchst Du:
300 ccm (2 Tassen)
    kalte Milch
1 Päckchen Dr. Oetker
    Paradiescreme
    Vanille
300 g frische Erdbeeren
    oder
1 Packung (300 g)
    Dr. Oetker Tiefkühl-
    Markt Erdbeeren
bunte Zuckerfiguren

Gieß die Milch in eine große Schüssel. Schütte den Inhalt des Päckchens auf einmal hinein, verrühre die Flüssigkeit etwa ½ Minute mit einem Schneebesen und schlag sie dann noch weitere 2 Minuten kräftig durch, bis eine sahnige Creme entstanden ist.

Wasch und entstiele die frischen Erdbeeren. Laß tiefgefrorene Erdbeeren bei Zimmertemperatur auftauen. Zerdrücke die Früchte mit einer Gabel.

Schichte Creme und Früchte abwechselnd in Gläser.

Garniere die Speise mit bunten Zuckerfiguren.

Bananen-Rallye

Dazu brauchst Du:
1 Päckchen Dr. Oetker
    Götterspeise
    Zitrone-Geschmack
½ l Wasser
100 g Zucker
3–4 Bananen
etwas Schlagsahne
einige Bananenscheiben
    (mit Zitronensaft
    bestrichen)
kandierte Kirschen
Himbeer-, Erdbeer-
    oder Kirschsaft

Bereite die Götterspeise nach der Vorschrift auf dem Päckchen zu. Stelle die Flüssigkeit kalt.

Schäle die Bananen und schneid sie in Scheiben. Heb die Bananenscheiben unter die dickliche, noch nicht ganz erstarrte Götterspeise. Fülle die Speise in eine Glasschale oder in Gläser und stelle sie mehrere Stunden – am besten über Nacht – kalt, bis sie erstarrt ist.

Verziere die Speise mit Schlagsahne und garniere sie mit Bananenscheiben und kandierten Kirschen.

Reiche nach Belieben Himbeer-, Erdbeer- oder Kirschsaft dazu.

Kirschen mit Pudelmütze

Dazu brauchst Du:
250 g Speisequark
250 g Kirschen
    (aus dem Glas)
½ l Milch
1 Päckchen
    Dr. Oetker
    Pudding-Pulver
    Vanille-Geschmack
150 g Zucker
⅛ l Milch oder
    Dosenmilch

Gib den Quark in eine Schüssel und rühre ihn mit einem elektrischen Handrührgerät oder einem Schneebesen schaumig.
Laß die Kirschen abtropfen.
Bring die Milch (½ l) zum Kochen.
Rühre das Pudding-Pulver mit Zucker und Milch (⅛ l) an und gib es unter Rühren in die von der Kochstelle genommene Milch.
Laß es aufkochen und vermenge den Pudding mit dem Quark.
Gib die Kirschen in Gläser (laß einige zum Garnieren zurück) und verteile die Vanille-Quarkcreme darüber. Garniere die Creme mit den restlichen Kirschen.

Vanilleeis im Schokoladenkleid

Dazu brauchst Du:
1 Päckchen
    Dr. Oetker
    Eispulver Vanille-
    Geschmack
¼ l kalte Milch
⅛ l Sahne
1 Tafel (100 g)
    bittere Schokolade
⅛ l Sahne

Setze das Vanilleeis nach der Vorschrift auf dem Päckchen an. Gib die Masse in die Eisschale und laß sie 2–3 Stunden im Gefrierfach des Kühlschranks gefrieren. Für die Schokoladensoße schneid die Schokolade in kleine Stücke, gib sie in einen kleinen Topf und erwärme sie im Wasserbad so lange, bis sie sich glattrühren läßt. Nun rühre nach und nach die Sahne unter.
Schneid das Eis in Würfel, fülle die Eiswürfel in Gläser oder in Glasschälchen und gieß die Schokoladensoße darüber.

Apfelsinen-Schmaus

Dazu brauchst Du:
5 Apfelsinen (¼ l Saft)
6 Eßl. Wasser
1 Päckchen Dr. Oetker Galetta
    Vanille-Geschmack
⅛ l Sahne
bunte Schokoladenplätzchen
kandierte Früchte

Schneid von 5 Apfelsinen den Deckel ab und presse sie aus.
Miß ¼ l von dem Saft ab.
Gieß Apfelsinensaft und Wasser in eine große Schüssel. Schütte den Inhalt des Päckchens auf einmal hinein und schlag die Flüssigkeit etwa 1 Minute mit einem Schneebesen kräftig durch, bis eine gleichmäßige Masse entstanden ist.
Schlag die Sahne steif und heb sie unter.
Fülle die Apfelsinencreme in die ausgepreßten Apfelsinen und stelle sie etwa 20 Minuten kalt, damit sie fester wird. Garniere die Creme mit bunten Schokoladenplätzchen und kandierten Früchten.

Kaspers Lieblingscreme

Dazu brauchst Du:
250 g Speisequark
¼ l kalte Milch
1 Päckchen Dr. Oetker
  Quarkfein
  Erdbeergeschmack
  Wasser oder Eiweiß
  groben Zucker
  Erdbeersaft

Verrühre den Quark mit der Milch zu einer glatten Creme, füge den Inhalt des Päckchens hinzu und verrühre alles gut miteinander. Nimm 4 Gläser und tauche den Rand etwa 1 cm tief zunächst in Wasser oder Eiweiß, dann in Zucker.
Fülle abwechselnd Erdbeercreme und Erdbeersaft in die Gläser.

35

Sandkuchen

Dazu brauchst Du:
100 g Butter oder Margarine
75 g Zucker
1 Päckchen Dr. Oetker
   Vanillin-Zucker
2 Eier
5 Tropfen Dr. Oetker Rum-Aroma
Salz
60 g Weizenmehl
60 g Dr. Oetker Gustin
1 Messerspitze Dr. Oetker
   Backpulver Backin
Für den Guß:
50 g Schokolade (zartbitter)
etwas Kokosfett

Zerlaß das Fett und laß es wieder etwas fest werden. Gib Zucker und Vanillin-Zucker hinzu und rühre so lange, bis die Masse weißschaumig geworden ist.
Gib nach und nach Eier (rühre jedes Ei etwa 2 Minuten unter), Aroma und Salz hinzu.
Nun rühre das mit Backin gemischte und gesiebte Mehl eßlöffelweise unter. Fülle den Teig in eine gefettete, mit Pergamentpapier ausgelegte Dr. Oetker Klein-Kastenform (19 x 9 cm).
Gas: 2–3
Strom: 165–185 (vorgeheizt)
Backzeit: Etwa 55 Minuten.
Löse die Schokolade mit dem Kokosfett im Wasserbad auf und bestreich den erkalteten Kuchen mit dem Guß.

Lachende Erdbeertörtchen

Dazu brauchst Du:

75 g Butter oder Margarine
75 g Zucker
1 Päckchen Dr. Oetker
   Vanillin-Zucker
2 Eier
Salz
150 g Weizenmehl
3 g (1 gestrichener Teel.)
   Dr. Oetker Backpulver Backin
2 Eßl. Milch
750 g Erdbeeren
Zucker

1 Päckchen
   Dr. Oetker
   Tortenguß
   rot
   25 g (1 gut
   gehäufter
   Eßl.) Zucker
   Schlagsahne

Rühre das Fett schaumig und gib nach und nach Zucker, Vanillin-Zucker, Eier und Salz hinzu.

Rühre das mit Backin gemischte und gesiebte Mehl und die Milch eßlöffelweise unter. Verwende nur so viel Milch, daß der Teig schwer – reißend – vom Löffel fällt.

Fülle den Teig in gefettete Dr. Oetker Tortelettformen.

Gas: 3–4
Strom: 175–200 (vorgeheizt)
Backzeit: 20–25 Minuten.

Wasch und entstiele die Erdbeeren, laß sie gut abtropfen, bestreue sie mit Zucker und laß sie einige Zeit stehen. Wenn die Erdbeeren genügend Saft gezogen haben, gib sie zum Abtropfen auf ein Sieb. Miß von dem Saft ¼ l ab (ergänze ihn eventuell mit Wasser).

Lege die Erdbeeren gleichmäßig auf die Tortenböden. Bereite nach der Vorschrift auf dem Päckchen den Guß und gib ihn über die Erdbeeren.

Sobald der Guß fest geworden ist, gib etwas Schlagsahne in einen Spritzbeutel und spritze Augen und Mund auf die kleinen Torten.

37

Ottilienküchen

Dazu brauchst Du:
100 g Butter oder
 Margarine
75 g Zucker
1 Päckchen Dr. Oetker
 Vanillin-Zucker
1 Ei
5 Tropfen Dr. Oetker
 Rum-Aroma
Salz
100 g Weizenmehl
30 g Dr. Oetker Gustin
1½ g (½ gestrichener
 Teel.) Dr. Oetker
 Backpulver Backin
40 g abgezogene,
 gemahlene Mandeln
20 g kleingeschnittene
 Schokolade
15 g in kleine Würfel
 geschnittenes
 Zitronat (Sukkade)
Puderzucker

Rühre das Fett schaumig und gib nach und nach Zucker, Vanillin-Zucker, Ei, Aroma und Salz hinzu.
Rühre das mit Backin und Gustin gemischte und gesiebte Mehl eßlöffelweise unter.
Heb zuletzt Mandeln, Schokolade, Zitronat unter. Fülle den Teig in eine gefettete, mit Pergamentpapier ausgelegte Dr. Oetker Klein-Kastenform (19 x 9 cm).
Gas: 2–3
Strom: 175–200 (vorgeheizt)
Backzeit: 65–85 Minuten.
Bestäube den erkalteten Kuchen mit Puderzucker.

Kokosnapfkuchen

Dazu brauchst Du:
250 g Butter oder
  Margarine
250 g Zucker
1 Päckchen
  Dr. Oetker
  Vanillin-Zucker
4 Eier
2 Tropfen Dr. Oetker
  Backöl Bittermandel
Salz
1 Päckchen
  Dr. Oetker Pudding-
  Pulver Mandel-
  Geschmack
4 Eßl. kalte Milch
375 g Weizenmehl
1 Päckchen
  Dr. Oetker
  Backpulver Backin
$^1/_8$ l Milch
250 g Kokosraspeln
Semmelmehl nach
  Belieben

Rühre das Fett schaumig und gib nach und nach Zucker, Vanillin-Zucker, Eier, Backöl und Salz hinzu.
Rühre das Pudding-Pulver mit der Milch (4 Eßl.) an und gib es unter Rühren zu der Fettmasse. Danach rühre das mit Backin gemischte und gesiebte Mehl mit der Milch ($^1/_8$ l) eßlöffelweise unter. Heb zuletzt die Kokosraspeln unter den Teig und fülle ihn in eine gut gefettete Napfkuchenform, die Du nach Belieben mit Semmelmehl ausstreuen kannst.
Gas: 3–4
Strom: 175–200 (vorgeheizt)
Backzeit: 60–70 Minuten.

Kalter Hund

Dazu brauchst Du:
250 g Kokosfett
125 g Puderzucker
  oder feinkörnigen
  Zucker
1 Päckchen
  Dr. Oetker
  Vanillin-Zucker
50 g Kakao
½ Fläschchen
  Dr. Oetker
  Rum-Aroma
2 Eier
250–300 g rechteckige Butterkekse

Zerlaß das Kokosfett.
Gib gesiebten Puderzucker oder Zucker, Vanillin-Zucker, gesiebten Kakao und Aroma in eine Rührschüssel (z. B. Dr. Oetker Mepal-Schüssel) und verrühre die Zutaten nach und nach mit den Eiern und dem lauwarmen Kokosfett.
Lege eine Dr. Oetker Klein-Kastenform (19 x 9 cm) mit Pergamentpapier aus und schichte Kakaomasse und Kekse abwechselnd ein. Die unterste Schicht muß aus Kakaomasse, die oberste aus Keksen bestehen. Stelle den Kuchen mehrere Stunden – am besten über Nacht – kalt und schneid ihn vor dem Servieren in Scheiben.

Amerikaner

Dazu brauchst Du:
- 150 g Butter oder Margarine
- 125 g Zucker
- 1 Päckchen Dr. Oetker Vanillin-Zucker
- 2 Eier
- 2 Eßl. Dosenmilch
- 300 g Weizenmehl
- 6 g (2 gestrichene Teel.) Dr. Oetker Backpulver Backin
- 25 g gehackte Schokolade
- 25 g gehackte, geröstete Nüsse

Für den Guß:
- 100 g Schokolade (zartbitter)
- 20 g Kokosfett
- bunte Schokoladenplätzchen
- Hagelzucker
- Buntzucker
- Spaltmandeln

Rühre das Fett schaumig und gib nach und nach Zucker, Vanillin-Zucker, Eier und Dosenmilch hinzu. Rühre das mit Backin gemischte und gesiebte Mehl eßlöffelweise unter.
Heb nun die Schokolade und die Nüsse unter. Setze mit 2 Eßlöffeln Teighäufchen auf ein gefettetes Backblech und schieb das Blech in den Backofen.
Gas: 5 Minuten vorheizen 3–4, backen 3–4
Strom: 175–200 (vorgeheizt)
Backzeit: 15–20 Minuten.
Für den Guß löse die Schokolade mit dem Kokosfett im Wasserbad auf und bestreich die Unterseite der Plätzchen damit.
Garniere und bestreue die Amerikaner mit bunten Schokoladenplätzchen, Hagel- und Buntzucker und Spaltmandeln.

Apfelsinenkuchen

Dazu brauchst Du:
- 150 g Butter oder Margarine
- 150 g Zucker
- 1 Päckchen Dr. Oetker Vanillin-Zucker
- 3 Eier
- abgeriebene gelbe Schale einer halben Apfelsine (ungespritzt)
- 150 g Weizenmehl
- 3 g (1 gestrichener Teel.) Dr. Oetker Backpulver Backin
- ⅛ l ausgepreßten Apfelsinensaft
- 100 g Zucker
- abgeriebene gelbe Schale einer halben Apfelsine (ungespritzt)
- abgeriebene gelbe Schale einer halben Zitrone (ungespritzt)

Rühre das Fett schaumig und gib nach und nach Zucker, Vanillin-Zucker, Eier und Apfelsinenschale hinzu. Rühre das mit Backin gemischte und gesiebte Mehl eßlöffelweise unter.
Fülle den Teig in eine gefettete Rehrückenform.
Gas: 3–4
Strom: 175–200 (vorgeheizt)
Backzeit: 40–55 Minuten.
Verrühre den Apfelsinensaft mit Zucker, Apfelsinen- und Zitronenschale. Stürze den Kuchen nach dem Backen und gib ihn wieder in die Form. Stich die flache Seite mit einem Kuchenstäbchen mehrmals ein und beträufele sie mit etwas Saft. Laß den Saft kurz einziehen, stürze den Kuchen wieder. Stich die gewölbte Seite des Kuchens mehrmals ein und beträufele sie mit dem restlichen Saft.

Piepenkerl

Dazu brauchst Du:
100 g Speisequark
5 Eßl. Speiseöl
50 g Zucker
Salz
4 Eßl. Milch
200 g Weizenmehl
12 g (4 gestr. Teel.)
  Dr. Oetker Back-
  pulver Backin
Zum Garnieren:
2 kleine Tonpfeifen
Zum Bestreichen:
Etwas Milch

Verrühre den Quark mit Öl, Zucker, Salz und Milch. Mische und siebe das Mehl mit dem Backin, rühre die Hälfte eßlöffelweise unter die Quarkmasse und knete den Rest des Mehls unter. Teile den Teig in 2 Hälften, forme jede Teighälfte zu einer etwa 21 cm langen und 4 cm dicken Rolle, die an einem Ende etwas dünner ist (Kopf). Miß oben von der Rolle etwa 4 cm der Länge nach ab und forme daraus Kopf, Hals und Schultern, rolle die Teigrolle vom Hals bis zum Ansatz der Beine etwas breiter aus, zieh das untere Teigende etwas lang, schneid es in der Mitte der Länge nach etwa 9 cm ein und forme aus diesen Teilen Beine und Füße.

Für die Arme mache an beiden Seiten einen etwa 5 cm langen senkrechten Schnitt (vom Rand etwa 1½ cm, von der Schulter etwa 2 cm entfernt), zieh die Arme etwas vom Körper ab und forme sie entsprechend.

Drücke eine Tonpfeife schräg auf den Rumpf. Für Augen, Nase, Mund und Knöpfe drücke Korinthen in den Piepenkerl. Bestreich ihn dünn mit Milch.

Gas: 5 Minuten vorheizen 3–4, backen 3–4
Strom: 175–200 (vorgeheizt)
Backzeit: Etwa 15 Minuten.

41

Apfel- oder Pflaumenkuchen

Dazu brauchst Du:
1 Ei
65 g Zucker
50 g Weizenmehl
1 Päckchen Dr. Oetker
   Soßen-Pulver
   Vanille-Geschmack
1 Messerspitze Dr. Oetker
   Backpulver Backin
2–3 mittelgroße Äpfel
oder 375 g Pflaumen

Rühre das Ei mit dem Zucker schaumig, gib nach und nach das mit Soßen-Pulver und Backin gemischte und gesiebte Mehl hinzu.

Fülle den Teig in eine **gefettete kleine Spring- oder Auflaufform** (Durchmesser etwa 20 cm) und belege ihn mit den geschälten, in Achtel geschnittenen und entkernten Äpfeln oder mit den gewaschenen, entsteinten Pflaumen (mit der Innenseite nach oben legen).

Gas: 3–4
Strom: 175–200 (vorgeheizt)
Backzeit: Etwa 20 Minuten.

Apfelkuchen, sehr fein

Dazu brauchst Du:
50 g Butter oder
   Margarine
50 g Zucker
1 Ei
2 Tropfen Dr. Oetker
   Backöl Zitrone
etwas Salz
75 g Weizenmehl
1½ g (½ gestrichener
   Teel.) Dr. Oetker
   Backpulver Backin

Für den Belag:
2 kleine Äpfel

Zum Bestäuben:
Etwas Puderzucker

Rühre das Fett schaumig und füge nach und nach den Zucker, das Ei und die Gewürze hinzu. Mische Mehl und Backin, siebe es und rühre es eßlöffelweise unter.

Fülle den Teig in eine **Dr. Oetker Klein-Springform** (∅ 16 cm) und streich ihn mit einem Löffel, den Du häufig ins Wasser tauchst, glatt.

Nun schäle die Äpfel, schneid sie in Viertel, entkerne sie, ritze sie mehrmals der Länge nach ein und lege sie kranzförmig auf den Teig.

Gas: 3–4
Strom: 175–200 (vorgeheizt)
Backzeit: Etwa 35 Minuten.
Bestäube den erkalteten Apfelkuchen mit Puderzucker.

Dazu brauchst Du:
30 g gut ausgepreßten
  Speisequark
1 Eßl. Milch
1 Eßl. Speiseöl
30 g Zucker
etwas Salz
75 g Weizenmehl
3 g (1 gestrichener Teel.)
  Dr. Oetker
  Backpulver Backin

Für den Belag:
20 g Butter oder
  Margarine
1 Päckchen Dr. Oetker
  Vanillin-Zucker
1 gestrichenen Eßl.
  Zucker
20 g abgezogene, in
  Scheiben geschnittene
  Mandeln

Dazu brauchst Du:
65 g Butter oder
  Margarine
65 g Zucker
1 Teel. Dr. Oetker
  Vanillin-Zucker
1 Ei
8 Tropfen Dr. Oetker
  Rum-Aroma
etwas Salz
125 g Weizenmehl
4 g (1 schwach gehäufter
  Teel.) Dr. Oetker
  Backpulver Backin
etwa 4 Eßl. Milch
1 gestrichenen Eßl. Kakao
1 gehäuften Teel. Zucker
2 Teel. Milch

Butterkuchen

Streich den Quark durch ein Sieb und verrühre ihn mit Milch, Öl, Zucker und Salz. Mische Mehl und Backin, siebe es und rühre gut die Hälfte davon unter den Quark. Den Rest des Mehls mußt Du unter den Teig kneten. Rolle den Teig auf dem Boden einer **Dr. Oetker Klein-Spring-form** (∅ 16 cm) aus.
Setze das Fett in Flöckchen gleichmäßig auf den Teig und streue den mit dem Zucker gemischten Vanillin-Zucker und die Mandeln darüber.
Gas: 3–4
Strom: 175–200 (vorgeheizt)
Backzeit: 25–35 Minuten.

Marmorkuchen

Rühre das Fett schaumig und füge nach und nach den Zucker, den Vanillin-Zucker, das Ei und die Gewürze hinzu. Mische Mehl und Backin, siebe es und rühre es eßlöffelweise abwechselnd mit der Milch unter. Verwende nur so viel Milch, daß der Teig schwer (reißend) vom Löffel fällt. Fülle etwa ⅔ des Teiges in **eine gut gefettete Dr. Oetker Napfkuchenform** (∅ 14 cm). Unter den Rest des Teiges menge den Kakao, den Zucker und die Milch und verteile den dunklen Teig auf dem hellen. Damit der Kuchen ein Marmormuster bekommt, zieh eine Gabel spiralförmig durch die beiden Teigschichten.
Gas: 3–4
Strom: 175–200 (vorgeheizt)
Backzeit: Etwa 50 Minuten.

43

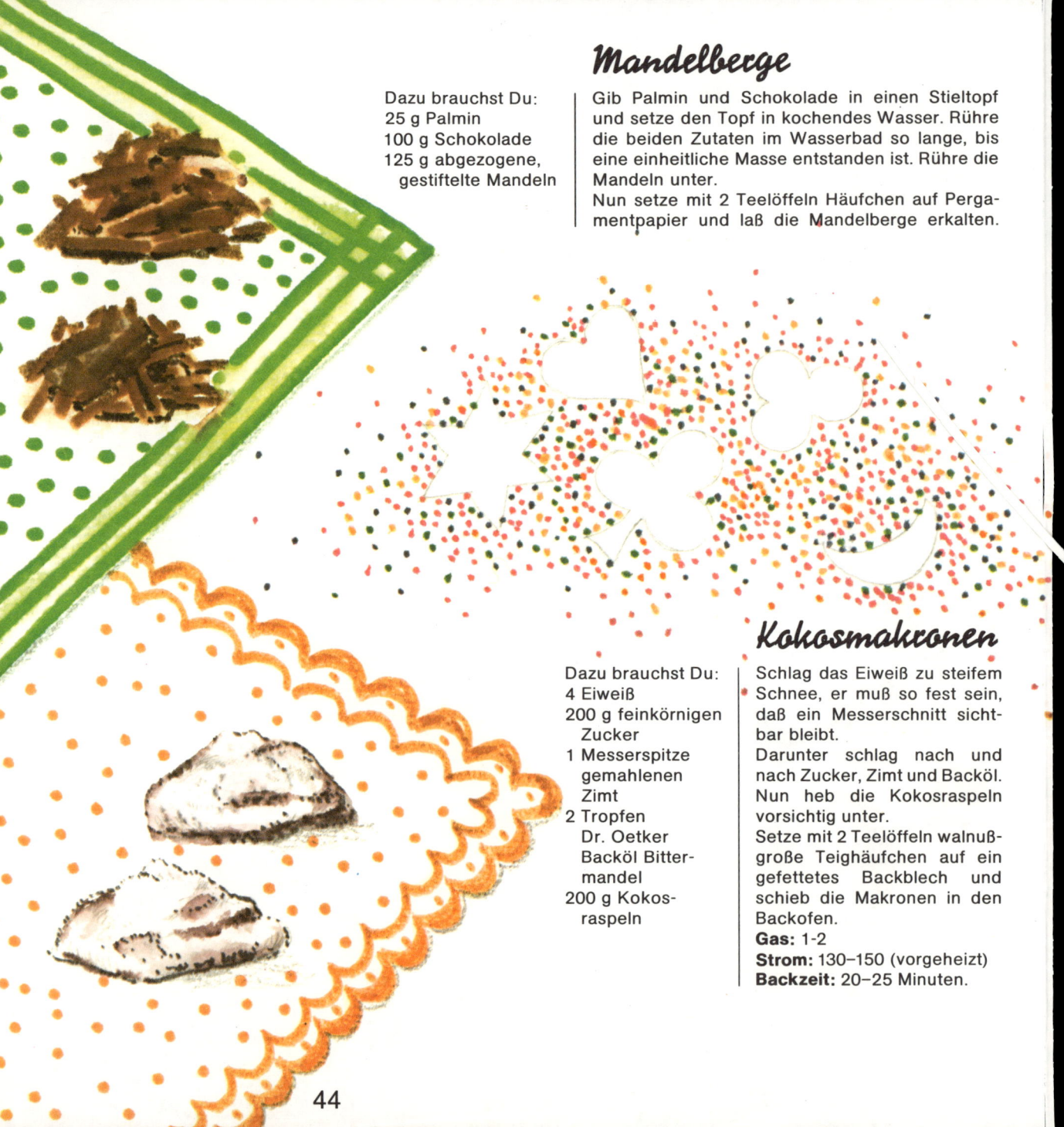

Mandelberge

Dazu brauchst Du:
25 g Palmin
100 g Schokolade
125 g abgezogene,
  gestiftelte Mandeln

Gib Palmin und Schokolade in einen Stieltopf und setze den Topf in kochendes Wasser. Rühre die beiden Zutaten im Wasserbad so lange, bis eine einheitliche Masse entstanden ist. Rühre die Mandeln unter.

Nun setze mit 2 Teelöffeln Häufchen auf Pergamentpapier und laß die Mandelberge erkalten.

Kokosmakronen

Dazu brauchst Du:
4 Eiweiß
200 g feinkörnigen
  Zucker
1 Messerspitze
  gemahlenen
  Zimt
2 Tropfen
  Dr. Oetker
  Backöl Bitter-
  mandel
200 g Kokos-
  raspeln

Schlag das Eiweiß zu steifem Schnee, er muß so fest sein, daß ein Messerschnitt sichtbar bleibt.

Darunter schlag nach und nach Zucker, Zimt und Backöl. Nun heb die Kokosraspeln vorsichtig unter.

Setze mit 2 Teelöffeln walnußgroße Teighäufchen auf ein gefettetes Backblech und schieb die Makronen in den Backofen.

Gas: 1-2
Strom: 130–150 (vorgeheizt)
Backzeit: 20–25 Minuten.

44

Knüsperchen

Dazu brauchst Du:
150 g Weizenmehl
3 g (1 gestrichener
  Teel.) Dr. Oetker
  Backpulver Backin
50–75 g Zucker
½ Päckchen
  Dr. Oetker
  Vanillin-Zucker
½ Fläschchen
  Dr. Oetker
  Rum-Aroma
2 Eßl. Milch
25 g Butter oder
  Margarine
25 g Schweine-
  schmalz
Zum Bestreichen:
Etwas Dosenmilch
Zum Bestreuen:
Zucker, Buntzucker,
  Hagelzucker,
  gehackte Mandeln,
  Schokoladenstreusel

Mische Mehl und Backin und siebe es auf die Tischplatte.
Drücke in die Mitte eine Vertiefung ein und gib Zucker, Vanillin-Zucker, Aroma und Milch hinein. Verarbeite diese Zutaten mit einem Teil des Mehls zu einem dicken Brei. Gib darauf das in Stücke geschnittene kalte Fett und verknete nun alle Zutaten von der Mitte aus schnell zu einem glatten Teig. Sollte der Teig kleben, stelle ihn eine Zeitlang kalt. Rolle den Teig dünn aus, stich mit beliebigen Formen Figuren aus, bestreiche diese mit Milch und bestreue sie mit Zucker, Buntzucker, Hagelzucker, gehackten Mandeln, Schokoladenstreuseln. Lege die Plätzchen auf ein Backblech und schieb sie in den Backofen.
Gas: 5 Minuten vorheizen 3–4, backen 3–4
Strom: 175–200 (vorgeheizt)
Backzeit: 8–10 Minuten.

Margarethen-Plätzchen

Dazu brauchst Du:
100 g Butter oder
  Margarine
100 g Zucker
1 Päckchen
  Dr. Oetker
  Vanillin-Zucker
1 Ei
etwas Salz
2 Eßl. Wasser
150 g Weizenmehl
50 g Dr. Oetker
  Gustin
3 g (1 gestrichener
  Teel.) Dr. Oetker
  Backpulver Backin
50 g kleingeschnit-
  tene Schokolade

Rühre das Fett schaumig und füge nach und nach Zucker, Vanillin-Zucker, Ei, Salz und Wasser hinzu.
Mische und siebe Mehl, Gustin und Backin und rühre es eßlöffelweise unter.
Heb zuletzt die Schokolade unter den Teig. Setze mit 2 Teelöffeln walnußgroße Teighäufchen nicht zu dicht nebeneinander auf ein gefettetes Backblech und laß die Plätzchen im Backofen goldbraun backen.
Gas: 5 Minuten vorheizen 3–4, backen 3–4
Strom: 175–200 (vorgeheizt)
Backzeit: Etwa 15 Minuten.

45

Dazu brauchst Du:
50 g Butter
150 g geriebene Schokolade
1 Päckchen Dr. Oetker
  Flana-Schokoladen-Dessert
6 Tropfen Dr. Oetker
  Rum-Aroma
20 g kleingeschnittene
  Schokolade
etwa 40 g Schwartau-
  Schokoladenstreusel

Butterpralinen

Rühre die Butter schaumig, füge nach und nach unter Rühren Schokolade, Flana-Schokoladen-Dessert, Rum-Aroma und Schokolade hinzu. Aus dieser Masse forme walnußgroße Kugeln und wälze sie in den Schokoladenstreuseln (am besten in einem Kaffeesieb). Stell die Pralinen kalt, damit sie fest werden.

Konfettitaler

Dazu brauchst Du:
200 g Weizenmehl
50 g Dr. Oetker
  Gustin
3 g (1 gestrichener
  Teel.) Dr. Oetker
  Backpulver Backin
125 g Zucker
1 Päckchen Dr. Oetker
  Vanillin-Zucker
1 Ei
125 g Butter oder
  Margarine
125 g kleingeschnit-
  tene, kandierte
  Früchte

Siebe Mehl, Gustin und Backin auf die Tischplatte. Drücke in die Mitte eine Vertiefung ein und gib Zucker, Vanillin-Zucker und Ei hinein. Verarbeite die Zutaten mit einem Teil des Mehls zu einem dicken Brei. Gib darauf das in Stücke geschnittene Fett und die Früchte und verknete alle Zutaten von der Mitte aus schnell zu einem glatten Teig.
Forme daraus etwa 2½ cm dicke Rollen und stelle diese so lange kalt, bis sie hart geworden sind.
Schneid die Rollen mit einem scharfen Messer in ½ cm dicke Scheiben, lege sie auf ein Backblech und schieb sie in den Backofen.
Gas: 5 Minuten vorheizen 3–4, backen 3–4
Strom: 175–200 (vorgeheizt)
Backzeit: Etwa 10 Minuten.

Heidesand

Dazu brauchst Du:
etwa 150 g Butter
125 g Zucker
½ Päckchen
  Dr. Oetker
  Vanillin-Zucker
1 Eßl. Milch
etwa 200 g Weizen-
  mehl
1½ g (½ gestrichener
  Teel.) Dr. Oetker
  Backpulver Backin

Zerlaß die Butter, laß sie bräunen und stell sie kalt.
Rühre die wieder fest gewordene Butter schaumig und gib nach und nach Zucker, Vanillin-Zucker und Milch hinzu. Rühre so lange, bis die Masse weißschaumig geworden ist. Mische und siebe das Mehl mit dem Backin, rühre ⅔ des Mehls eßlöffelweise unter die Buttermasse und verknete den Teigbrei mit dem Rest des Mehls zu einem glatten Teig.
Forme aus diesem Teig etwa 3 cm dicke Rollen und stell sie kalt, bis sie hart geworden sind.
Dann schneid etwa ½ cm dicke Scheiben von den Rollen und lege sie auf ein Backblech.
Schieb das Backblech in den Ofen.
Gas: 5 Minuten vorheizen 3–4, backen 3–4
Strom: 175–200 (vorgeheizt)
Backzeit: 10–15 Minuten.

Dazu brauchst Du:
etwa 250 g Biskuitreste
2 Eßl. Rum
$^1/_8$ l Wasser
50 g Kokosfett
30 g Puderzucker
10 g Kakao
½ Päckchen Dr. Oetker
  Vanillin-Zucker
½ Fläschchen Dr. Oetker
  Rum-Aroma
1 kleines Ei
etwa 40 g Schwartau-
  Schokoladenstreusel

Rum-Kugeln

Zerkrümele die Biskuitmasse, gib sie in eine Rührschüssel und beträufele die Krümel mit Rum und Wasser. Zerlaß das Kokosfett und laß es abkühlen. Siebe Puderzucker und Kakao in eine Rührschüssel, füge Vanillin-Zucker und Rum-Aroma hinzu und rühre nach und nach das Ei und das Kokosfett unter.
Nun verrühre die Masse mit den Biskuitkrümeln und forme etwa 8 Kugeln daraus.
Wälze die Kugeln in Schokoladenstreuseln (am besten in einem Kaffeesieb). Stell die Kugeln kalt, damit sie fest werden.

Bûtterpralinen

Konfettitaler

Heidesand

Rûm-Kugeln

47

Vanille-Mürbchen

Dazu brauchst Du:
125 g Weizenmehl
1 Päckchen
　Dr. Oetker
　Vanillin-Zucker
2½ Eßl. dicke
　saure Sahne
90 g Butter oder
　Margarine
etwas Dosenmilch
etwa 75 g Hagel-
　zucker

Siebe das Mehl auf eine Tischplatte, drücke in die Mitte eine Vertiefung ein und gib Vanillin-Zucker und die saure Sahne hinein. Verrühre die Zutaten mit einem Teil des Mehls zu einem dicken Brei und gib die in Stücke geschnittene kalte Butter (Margarine) darauf, bedecke sie mit Mehl und verknete von der Mitte aus alle Zutaten schnell zu einem glatten Teig. Stelle den Teig eine Zeitlang kalt, rolle ihn etwa 2½ cm dick aus und stich zunächst mit einer runden Form (Durchmesser etwa 6 cm) Plätzchen aus. Diese Teigplätzchen stich mit einer kleineren Form (Durchmesser etwa 4 cm) so aus, daß Ringe und Plätzchen entstehen. Bestreiche die obere Seite der Ringe und Plätzchen mit Dosenmilch, drücke die bestrichenen Seiten in Hagelzucker und lege sie mit der unteren Seite auf ein Backblech. Schieb das Backblech in den Ofen.

Gas: 5 Minuten vorheizen 3–4, backen 3–4
Strom: 200–225 (vorgeheizt)
Backzeit: 10–15 Minuten.